매일매일 힘을 주는 말

우리말 표현력 활동책 1

매일매일 힘을 주는 말 _인사말과 감정 표현

초판 1쇄 발행 2016년 6월 29일
초판 10쇄 발행 2024년 8월 14일

글   박은정
그림 우지현

펴낸곳 도서출판 개암나무(주)
펴낸이 김보경
경영관리 총괄 김수현   **경영관리** 배정은 조영재
편집 조원선 김소희 오은정 이혜인   **디자인** 이은주   **마케팅** 이기성
출판등록 2006년 6월 16일 제22-2944호

주소 서울특별시 용산구 한남대로40길 19, 4층(한남동, JD빌딩) (우)04417
전화 (02)6254-0601, 6207-0603   **팩스** (02)6254-0602   **E-mail** gaeam@gaeamnamu.co.kr
개암나무 블로그 http://blog.naver.com/gaeamnamu   **개암나무 카페** http://cafe.naver.com/gaeam

ⓒ 박은정, 우지현, 2016
이 책의 저작권은 저자에게 있습니다. 저자와 출판사의 허락 없이 내용의 일부를 인용하거나 발췌하는 것을 금합니다.

ISBN 978-89-6830-292-3 74700
ISBN 978-89-6830-290-9 (세트)

이 도서의 국립중앙도서관 출판시도서목록(CIP)은 서지정보유통지원시스템 홈페이지(http://seoji.nl.go.kr)와
국가자료공동목록시스템(http://www.nl.go.kr/kolisnet)에서 이용하실 수 있습니다.
(CIP제어번호: CIP2016013953)

품명 아동 도서 | **제조년월** 2024년 8월 14일 | **사용연령** 6세 이상
제조자명 개암나무(주) | **제조국명** 대한민국 | **전화번호** 02-6254-0601
주소 서울특별시 용산구 한남대로40길 19, 4층(한남동, JD빌딩)

작가의 말

어릴 적 좋아하는 친구가 처음으로 "안녕" 하고 인사를 건네던 순간을 잊지 못해요. 친구의 마음이 저를 향해 스르르 열리는 것 같았지요. '안녕'이란 말은 순식간에 흩어졌지만 제 마음의 문은 그 뒤로도 활짝 열려 있었답니다.

소풍 때 옆자리에 앉을 짝꿍이 없을까 봐 마음을 졸이는데 "함께 앉자" 하고 먼저 다가와 준 친구를 잊지 못해요. 그 말이 따스한 손이 되어 제 손을 따뜻하게 감싸 쥐었어요. 안심하라는 듯 제 등을 툭툭 두드리며 응원해 주었지요.

이렇듯 말은 단단하게 굳은 마음을 말랑말랑하게 만드는 힘이 있어요. '고마워', '미안해', '할 수 있어'라는 말에 듣는 사람의 마음이 단숨에 바뀌지요. 마음과 행동을 바꾸고 말하는 사람의 됨됨이를 알 수 있게 해 주는 것이 고작 말 한마디라니, 정말 놀랍지 않나요?

우리 마음속에는 나쁜 기억, 짜증, 답답함 같은 것들이 담겨 있어요. 저는 미술 심리 상담을 공부하며 우리에게 생각보다 부정적인 마음이 많다는 것을 알게 되었어요. 이런 것들을 날려 버리기 위해서는 마음을 있는 그대로 표현하는 것이 좋아요. 그림을 그리고 솔직하게

터놓고 얘기하는 것만으로도 좋지 않은 기억들이 포르르 날아간답니다.

  이 책에는 여러 가지 활동들이 있어요. 편안한 마음으로, 떠오르는 대로 자유롭게 쓰고 그리면 돼요. 정답은 없어요. 누구도 여러분이 쓰고 그린 것에 점수를 매기지 않아요. 솔직하게 그리면 그릴수록 마음속에 맺혀 있던 답답함, 짜증, 억울함, 나쁜 기억이 스르르 허물어질 거예요. 그리고 사랑하는 사람들에게 들려주고 싶은 좋은 말들을 온몸으로 느끼고 배울 수 있어요.

  저는 말을 잘하는 사람이 아니에요. 하지만 꼭 필요할 때 "같이 하자", "괜찮아", "사랑해"라고 말해요. 이 말들을 할 때마다 제 마음이 넉넉해졌어요. 듣는 사람의 마음도 따뜻해졌고요. 이 책에 나온 따뜻한 인사말과 좋은 감정을 표현하는 말을 주변 사람들에게 자주 건네 보세요. 여러분도, 듣는 이도 매일매일 힘이 샘솟을 테니까요.

박은정

힘내.
내가 같이
가줄게.

차례

안녕 | 나와 이 세상에 다리를 놓아 주는 말 · 8

좋아 | 마음에서 마음으로 기쁨이 흐르게 하는 말 · 14

고마워 | 아낌없이 베풀게 하는 말 · 20

미안해 | 다친 마음을 어루만지고 용서를 부르는 말 · 26

괜찮아 | 쓰면 쓸수록 마음이 자라는 말 · 32

할 수 있어 | 최선을 다하도록 북돋우는 말 · 38

같이 하자 | 혼자 할 때보다 힘이 더 세지는 말 · 44

잘했어 | 언제 들어도 힘이 솟는 말 · 50

멋지다 | 더 나은 모습을 상상하고 성장하게 해 주는 말 · 56

사랑해 | 서로를 보물처럼 아껴 주는 말 · 62

행복해 | 듣는 사람도 나만큼 행복해지는 말 · 68

잘 가 | 우리의 만남을 아름답게 맺어 주는 말 · 74

안녕

아침에 일어나서 나에게,

처음 만난 너에게,

이웃집 할머니께,

안녕하세요.

매일 만나는 친구들에게

안녕? 안녕? 안녕?

'안녕'이라고 말하면······

나와 너 그리고 우리 모두의 하루가 즐거워져!

기분이 좋고 왠지 힘이 나!

친해지고픈 마음이 전해지고,

사랑으로 보답을 받아.

오늘은 친구들에게 먼저 인사해 볼래?

안녕 나와 이 세상에 다리를 놓아 주는 말.

안녕? 소중한 나

1. 빈 곳에 내 이름을 큼직하게 적고 꾸며 보세요.
2. 이름 주변에 자유롭게 그림을 그리고 색칠해 보세요.
3. "안녕, ○○아(야)!" 하고 내 이름을 불러 보세요.

1. 집에 있는 거울에 내 얼굴을 비추고 살펴보세요.
2. '나는 어떤 모습일까?', '내 표정은 어떨까?' 하고 곰곰이 생각해 보세요.
3. 거울 그림 안에 내 얼굴을 자유롭게 그린 다음, "안녕, ○○아(야)!" 하고 내 이름을 불러 보세요.

나와 마음이 잘 맞는 친구에게

'좋아'라고 말하면……

혼자 할 때보다 더 멋지게 해낼 수 있어.

내 마음과 똑같은 마음이 메아리가 되어 돌아와.

좋아 마음에서 마음으로 기쁨이 흐르게 하는 말.

고마워

같이 들어 줄까?

응, 고마워.

친절을 베푸는 친구에게,

아빠 최고! 고마워요!

동물원에 가고 싶댔지? 이번 주에 갈까?

내 소원에 귀 기울여 주는 가족에게,

마음의 문이 활짝 열려.

도움이 필요하면 언제든지 말해.

정말 고마워.

다음에 또 오자.

네!

흐뭇해하는 너를 보며 보람을 느끼니까.

마음을 주고받을 만큼 자랐다는 뜻이야.

칭찬이라는 선물이 돌아오기도 하지.

고마워 아낌없이 베풀게 하는 말.

'고마워 편지'를 써요!

이 세상에는 고마운 게 참 많아요. 잘 모르겠다고요?
매일 숨쉬는 공기, 따스한 햇살, 오늘 먹은 음식, 시원한 물, 소중한 친구, 즐겁게 뛰노는 놀이터……. 생각해 보면 모두 나에게 주어진 선물 같은 것들이에요.
나에게 기쁨을 주는 것, 내 옆에 있어서 고마운 것들에게 편지를 써 보세요. 짧게 써도 되고, 여러 개를 써도 돼요. 고마운 마음을 떠올리며 정성껏 표현해 보세요.

 에게

고마워!

이거 받아. 내 마음이야.

어머!

보내는 사람
우표
받는 사람

우체통

미안해

나 때문에 속상한 엄마께,

나 때문에 다친 친구에게,

나와 다툰 친구에게 쑥스럽지만 용기 내어

'미안해'라고 말하면……

바다보다 넓고 깊은 엄마의 사랑을 느낄 수 있어.

이 정도야 문제없지!

친구의 몸과 마음도 나아지고,

전보다 더 가까운 사이가 될 수 있어.

미안해 다친 마음을 어루만지고 용서를 부르는 말.

내 마음에 미안'해'가 떴어요!

누군가에게 미안했던 적이 있나요?
그 사람을 하얀 원 안에 그려 보세요.
혹은 미안했던 일을 글로 써도 돼요.
그런 다음 면봉에 노란색, 주황색, 빨간색, 흰색 등 밝은색 물감을 묻혀서
원 주위를 톡톡 찍어 봐요. 미안'해'가 환하게 밝아질 거예요.

괜찮아

다친 친구에게,

나를 걱정해 주는 친구에게,

미안해하는 친구에게,

실수한 나에게,

뜻대로 되지 않아
힘들어하는 모든 이들에게
'괜찮아' 라고 말하면……

잘 못해도, 조금 서툴러도
툭툭 털고 일어서게 돼.

상처가 아물듯 속상했던 마음이 사라지고,

상대방을 더욱 배려하게 되고,

더 큰 용기가 솟아나기도 하지.

괜찮아 쓰면 쓸수록 마음이 자라는 말.

'괜찮아 손바닥'을 펼쳐요!

누구나 부족한 점, 잘 못하는 점이 있지만 할 수 있는 점, 잘하는 점도 있어요.
한 손에는 내 약점을, 다른 한 손에는 나만의 강점을 적어 보세요!

약점을 쓸 때는 '~해도 괜찮아.'라고 쓰고,
강점은 '난 ~을 잘하니까!'라고 써 보세요.

너끈히 해내는 놀라운 일이 벌어져.

땀 흘린 보람을 느낄 수 있지.

할 수 있어 최선을 다하도록 북돋우는 말.

'할 수 있어' 주문을 만들어요

바라는 일이나 꼭 하고 싶은 일이 있나요?
그렇다면 '할 수 있어' 주문을 만들어 보세요. 주문을 외울 때마다 용기가 쑥쑥, 자신감이 불끈불끈 솟아날 거예요.

같이 하자

가위질이 잘 안 되네.

우리 같이 할까?

정말?

도움이 필요한 친구에게,

다 함께 소풍을 왔어요!

모두 함께 공원으로 소풍을 왔어요. 하늘에는 알록달록 무지개가 떠 있고 파란 호수에서는 오리 가족이 산책을 해요. 푸릇푸릇 새싹이 돋고 곱디고운 꽃들도 활짝 피었네요. 공원이 더욱 활기차 보이도록 예쁘게 색칠해 보세요.

잘했어

자신이 없어도
노력하는 친구에게,

한 뼘 더 자란 나에게,

좋은 일을 한 친구에게

'**잘했어**' 라고 말하면……

내일은 더 잘 해낼 수 있다는 믿음이 생기고,

다른 사람에게 인정받는 기분이 들어.

잘했어 언제 들어도 힘이 솟는 말.

'잘했어 풍선'을 띄워요

무언가를 잘하고 나서 뿌듯했던 적이 있나요?
열심히 노력해서 잘하게 된 일은요?
내 칭찬 덕분에 누군가가 기뻐했던 경험이 있나요?
내가 잘한 일들을 떠올리고 풍선에 적어 보세요.

약한 친구를 돕는 친구에게,

나와 한 약속을 지키는 나에게

'멋지다'라고 말하면······

더 멋진 사람이 되고 싶고,

우리 주리, 정말 멋지네.

스스로에게 더욱 당당해져.

멋지다 더 나은 모습을 상상하고 성장하게 해 주는 말.

'멋진 나' 계획표

1년이 지나면 나는 ☐ 살이에요.

키가 조금 더 자라고, 생각도 깊어져 조금 더 멋진 모습이 되어 있을 거예요. 1년 후에 꼭 하고 싶은 멋진 일이 있나요? 어떤 일인지 적어 보세요.

1년 뒤 나는

2년 뒤 나는

2년 뒤 나는 ☐ 살이에요.

더욱 씩씩하고 밝은 모습일 거예요. 2년 후에는 어떤 멋진 일을 해서 주위 사람들을 놀라게 할까요? 빈 곳에 적어 보세요.

3년 뒤 나는 ☐살이에요.

지금보다 훌쩍 자라서 오랜만에 만난 친척들이 깜짝 놀랄지도 몰라요. 그때의 나는 어떤 멋진 일을 하고 있을지 적어 보세요.

여러 개를 적어도 좋아!

3년 뒤 나는

나를 아끼는 부모님께,

조금은 서먹한 할아버지께

'사랑해'라고 말하면……

마음과 마음이 이어져.

사랑의 우주를 만들어요

우리가 사는 지구 곁에는 늘 달이 있어요. 달은 지구 주위를 빙글빙글 돌면서 따라다녀요.
여러분이 보물처럼 아끼고 소중히 여기는 사람은 누구인가요? 그 사람을 '지구' 안에, 나를 '달' 안에 그려 보세요. 사진을 붙여도 좋아요.

하루하루 매시간이 의미 있고 소중해져.

돌아보면 미소짓게 되는
즐거운 추억이 하나둘 쌓이고,

많은 이야기를 나누지 않아도 우정이 깊어지고,

슬픔과 아픔은 반으로 줄어들어.

엄마도 우리 아들이 있어서 참 행복해.

행복해 듣는 사람도 나만큼 행복해지는 말.

행복한 나라를 만들어요

나는 행복한 나라의 왕이 되었어요. 우리나라 사람들이 더욱 행복해지려면 어떻게 해야 할까요? 국민들의 목소리에 귀를 기울이고 무엇을 할지 적어 보세요.

나는 책 읽는 게 좋아! 다양한 책을 많이 읽고 싶어!

모든 먹을거리가 신선하고 안전했으면 좋겠어!

나는 친구들과 마음껏 노래를 부르고 싶어!

멀리 이사 가는 친구에게,

해가 저물어 집으로 돌아가는 친구에게,

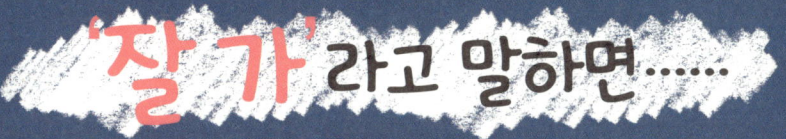

함께했던 즐거운 시간을 돌아보게 돼.

또 같이 놀고 싶다!

애틋하고 그리운 마음이 남아

다시 만날 때를 손꼽아 기다리게 돼.

잘 가 우리의 만남을 아름답게 맺어 주는 말.

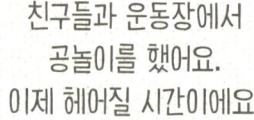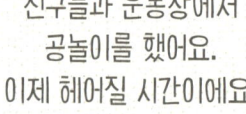